ERNEST DRÉOLLE

DE

LE GUIDE DE L'ÉLECTEUR BONAPARTISTE

E. L.

PARIS

E. LACHAUD & Cie ÉDITEURS

4, PLACE DU THÉATRE FRANÇAIS

1875.

ERNEST DRÉOLLE

GUIDE

DE

L'ÉLECTEUR BONAPARTISTE

Prix : 50 centimes.

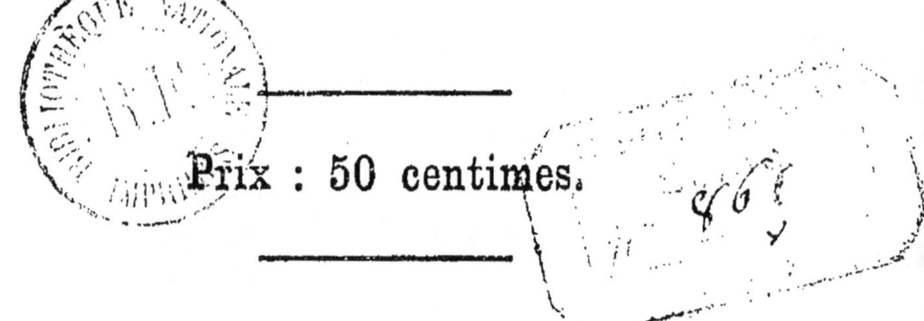

PARIS

E. LACHAUD ET Cie, ÉDITEURS

4, PLACE DU THÉATRE FRANÇAIS, 4

—

1875

GUIDE

DE

L'ÉLECTEUR BONAPARTISTE

	PAGES
AVANT-PROPOS.	5
Les conditions de l'Electorat.	11
Les conditions de l'Eligibilité	13
Le Suffrage Universel.	14
LES CANDIDATS :	
Le candidat républicain.	20
Le candidat républicain à nuances	33
Le candidat orléaniste.	47
Le candidat légitimiste	55
Le candidat septennaliste.	62
Mensonges à l'usage des candidats et Vérités à l'usage des électeurs.	68

AVANT-PROPOS

A chaque élection nouvelle — politique, cantonale ou municipale — des polémiques violentes, passionnées, ridicules, s'engagent contre les candidats de l'Appel au peuple.

Les partis qui se disputent le pouvoir depuis 1871, se coalisent. Républicains, Orléanistes et Légitimistes, fusionnent. Les regrets et les colères des uns, les appétits des autres, les déceptions de tous, sont mêlés, confondus, pour faire un tout, plein d'amertume grossière et de haine sauvage contre les souvenirs de l'Empire.

C'est la Ligue permanente du mal public.

Il n'est pas une lutte électorale qui n'ait offert cet écœurant spectacle.

La plus récente, celle des Hautes-Pyrénées, a été la plus scandaleuse. On y a vu l'alliance révoltante des républicains de toutes couleurs et des orléanistes de toutes ambitions ; le radical de la Commune a donné la main au fusionniste de la Monarchie; le Thiériste naïf et le Gambettiste déhanché ont pénétré, bras dessus bras dessous, dans les salons des bourgeois de 1830. On y a vu l'administration préfectorale du Septennat flatter tour à tour les passions les plus odieuses et les haines les plus farouches, et ses agents insulter audacieusement à l'histoire d'un grand Règne et à la mémoire d'un grand Souverain.

Avant les Hautes-Pyrénées, ce fut dans le Calvados ; avant le Calvados, dans Seine-et-Oise ; avant Seine-et-Oise, dans le Pas-de-Calais, dans la Nièvre, dans Maine-et-Loire ou dans la Gironde. Partout, enfin, où les hommes d'ordre et de fidélité ont eu leur candidat, la « Ligue du mal public » a fonctionné !

Mêmes procédés, mêmes abus, même tactique ! D'ordinaire, les Républicains commencent ; les Orléanistes suivent, et l'Administration complète.

Les Républicains sont grossiers et manient l'injure. Les Orléanistes sèment l'argent et répandent la calomnie. Les agents de l'autorité s'insinuent, courent dans tous les camps, vont aux fonctionnaires modestes, émeuvent les timides, menacent les forts, et prêchent tour à tour les doctrines de chaque candidat, au profit du Benjamin ministériel.

Le candidat Républicain s'offre toujours comme «le plus conservateur»; le candidat Orléaniste comme «le plus désintéressé, » et le candidat Septennaliste comme «le plus convaincu» et «le plus sincère !

Quant au candidat Bonapartiste, il a généralement fait à lui seul et tout à la fois : le 2 décembre, la guerre du Méxique, l'Invasion de 1870, la Commune du 18 mars, la perte de deux provinces et l'indemnité des cinq milliards !!!...

Niaiserie, mensonge et lâcheté !

C'est ainsi que les élections sont devenues une comédie qu'il faut dénoncer.

Ou dupes ou victimes, — voilà ce que sont les malheureux qui se laissent prendre aux exercices écœurants de la politique Orléaniste et Républicaine !

Il est temps d'éclairer une bonne fois les populations électorales des Villes et des Campagnes ? Il faut mettre à même l'électeur indépendant d'arracher d'une main sûre, et un à un, les oripeaux dont se recouvrent tous ces héros d'occasion, — pirates radicaux, traitants orléanistes, spéculateurs fusionnistes, montés sur les tréteaux que leur élèvent, de temps à autre, l'effronterie des Hommes du 4 Septembre et l'avidité des princes d'Orléans !

C'est l'objet de ce GUIDE.

LES CONDITIONS DE L'ÉLECTORAT.

Pour être électeur, il faut :

Etre Français, avoir vingt et un ans accomplis, et jouir de ses droits civils et politiques.

Les listes électorales sont dressées ou révisées chaque année, au mois de janvier.

Tous les citoyens ayant vingt et un ans accomplis au 1er janvier ou devant les avoir au plus tard le 31 mars de la même année, peuvent se faire inscrire sur les listes électorales, celles-ci n'étant définitivement closes qu'à cette dernière époque.

Les pièces à fournir pour l'inscription sur les listes électorales, sont :

L'acte de naissance établissant l'âge et la nationalité, ou tout autre acte pouvant en justifier.

Tout électeur inscrit peut réclamer de plein droit l'inscription ou la radiation d'un individu omis ou indûment inscrit sur les listes électorales.

LES CONDITIONS DE L'ÉLIGIBILITÉ.

Tout citoyen, Français ou nationalisé Français, ayant vingt-cinq ans accomplis au jour de l'élection, jouissant de ses droits civils ou politiques, peut être éligible pour l'Assemblée Nationale.

Les anciennes conditions pour la candidature à la représentation nationale sont supprimées depuis 1871.

La déclaration écrite et déposée à la Préfecture, ainsi que la prestation préalable de serment, n'existent plus.

*
* *

LE SUFFRAGE UNIVERSEL.

Il est question, dans les projets de loi actuellement élaborés à Versailles, d'imposer aux candidats et aux électeurs certaines conditions nouvelles :

Elévation de l'âge ; temps de séjour ; inscription sur les rôles des contributions, etc., etc.

On prépare également des changements dans le mode de scrutin :

Le maintien du scrutin de liste ou le rétablissement du scrutin par circonscription, la circonscription ayant l'arrondissement pour base ; le vote à la commune ou au chef-lieu de canton, etc.;

La déclaration préalable des candidatures ;

L'obligation imposée aux candidats d'appartenir aux départements, dans lesquels ils se présentent, par la naissance, par la propriété, par l'inscription sur les listes électorales ou par l'exercice antérieur du mandat de représentant.

Ces dispositions amèneront naturellement tous les esprits sincères à rappeler que le SUFFRAGE UNIVERSEL n'a réellement flori, dans toute sa liberté et dans toute son indépendance, que sous l'Empire.

Etabli en 1848, au lendemain de la Révolution du 24 février, il fut jeté alors à la foule, bien plus comme un instrument de désordre politique et social que comme un droit naturel. L'urne électorale fut ouverte à tous; des listes électorales rapidement dressées n'offrirent aucune garantie d'exactitude et demeurèrent sans contrôle. On put s'enrôler dans l'électorat comme dans les rangs d'une armée insurrectionnelle, — comme on s'enrôlait à Paris, dans cette troupe indisciplinée d'oisifs et d'émeutiers, pompeusement appelés les *Ateliers nationaux*, et d'où sortirent les criminels auteurs des sanglantes journées de Juin !

De là, les hostilités qui se manifestèrent presque aussitôt, dans l'opinion publique effrayée, contre le SUFFRAGE UNIVERSEL.

De là, la fameuse loi du 31 mai 1849 qui, en essayant de corriger les abus introduits par la licence révolutionnaire dans les premières applications d'un droit nouveau, dépassa le but et morcela le SUFFRAGE UNIVERSEL.

Napoléon III révisa tout à la fois la loi improvisée de 1848 et la loi réactionnaire de 1849 ; S. M. créa en quelque sorte le véritable *Suffrage universel*, celui dont les conditions, sagement étudiées, reposent, comme il convient, sur deux bases essentielles : le droit naturel et le droit légal.

L'EMPIRE et le SUFFRAGE UNIVERSEL seront donc inséparables dans l'Histoire. Ils ont vécu pendant près de vingt ans l'un pour l'autre et l'un par l'autre. Ils revivront encore, quoiqu'on fasse, en dépit des haines sauvages qu'on suscite contre le premier, et des obstacles incessants que rencontre le second !

Le suffrage universel n'a pas seulement été fondé par l'Empire ; il a été appelé à fonder lui-même l'Empire — recevant ainsi sa plus haute consécration.

La Souveraineté populaire n'a existé, en réalité, que du jour où Napoléon III, s'inclinant devant elle, en a provoqué et accepté les arrêts.

Le triomphe de l'Empire sera donc le triomphe du suffrage universel.

La République, au contraire, en est la négation.

Ne nie-t-elle pas le droit plébiscitaire, lequel n'est autre chose que l'exercice direct, plein et entier, de la Souveraineté populaire ? Ne repousse-t-elle pas la doctrine de l'Appel au peuple, laquelle est la plus vraie et la plus loyale, politiquement et socialement parlant ?

Quand les partisans de la Monarchie combat'ent le Suffrage universel et repoussent le Plébiscite, ils sont dans leur rôle.

La Monarchie Orléaniste, qui est d'origine censitaire, doit vouloir le suffrage privilégié.

La monarchie d'Henri V, qui est d'origine férique, dite de droit divin, doit réclamer l'exercice d'une volonté unique — celle du Roy.

Mais la République, qui invoque sans cesse le droit populaire; qui se dit d'essence démocratique; qui s'offre, en un mot, comme une émanation directe du peuple, ment à ses paroles, sinon à ses actes, en repoussant le Plébiscite et les lois électorales de l'Empire.

Il est vrai qu'ils ne peuvent être à aucun degré pour la Volonté nationale, dans aucune de ses expressions sincères et libres, les hommes et les disciples des hommes qui, deux fois, le 24 février 1848 et le 4 septembre 1870, ont violé les Droits de la Nation et escroqué le Pouvoir à leur profit!...

LE CANDIDAT RÉPUBLICAIN.

C'est le plus audacieux, en même temps que le plus vulgaire.

S'il est pur d'origine, il doit avoir figuré dans quelque complot sous l'Empire ou dans quelque fonction sous le Gouvernement de la Défense Nationale. Vieux, il a pris part à l'orgie sanglante de juin 1848 ou à l'escapade grotesque du 13 juin 1849, avec Ledru-Rollin. Jeune, il a connu Gambetta au café Procope, et s'est remboursé de ses « consommations, » en escroquant une Préfecture, dans le pillage du Ministère de l'intérieur, au 4 septembre.

Mais, vieux ou jeune, préfet d'hier ou ancien magistrat de 1848, bénéficiaire des marchés de Tours ou général des camps de Conlie et de Toulouse, son langage est le même.

C'est à Paris que se détient le moule des professions de foi républicaines ; tout candidat républicain doit y jeter sa prose. Un comité de censure, choisi dans les rédactions du *Rappel* et de la *République Française*, donne ordinairement la première façon ; l'œuvre s'achève dans les conciliabules d'un groupe de députés militants.

L'adresse aux Électeurs commence toujours par une énergique déclaration de principes : — On est républicain ; on veut le suffrage universel ; on réclame la liberté, et l'on défend l'ordre...! — Puis, vient la flatterie aux habitants du département, qu'on aime, au milieu desquels on est né, qu'on a administrés, ou qu'on aimera et qu'on servira avec autant de zèle que de dévouement ! Si l'on ne connnaît pas les besoins des localités, on les apprendra. Si on les connaît, on les satisfera. Quand et comment ? Cela ne se dit pas. La chose se termine par l'invocation d'un passé « qui plaide pour l'avenir, » ou d'un patriotisme qui inspirera les plus nobles ardeurs!

Tantôt, cela s'écrit en une forme banale, tantôt, en un style pompeux.

Surgit ensuite le paragraphe où l'on attaque l'Empire. « Le pouvoir issu de la violence, » « le règne dictatorial tombé dans le mépris, » « le souverain qui a capitulé à Sedan, » « la faction qui relève la tête en dépit du vote de déchéance, » toutes ces périphrases niaises s'enfilent les unes après les autres! Le chapelet n'est complet que s'il se termine par une apostrophe violente « au pays qui » ne voudra pas livrer de nouveau la France » au régime du sabre et à l'horreur d'une » troisième invasion! »

Puis, le candidat signe. C'est le charlatan qui se retire, en criant à la foule: « Electeurs, votez! Entrez, badauds naïfs! la représentation va commencer! »

Cette représentation, c'est l'orgie la plus échevelée de promesses et de flatteries, de mensonges et de calomnies. Les agents du candidat, ramassis d'étrangers expédiés de Paris, cohorte de déclassés devenus la terreur de leurs communes, instituteurs révoqués, maires destitués, conseillers municipaux non réélus, prêtres défroqués, mendiants pris à gage, l'armée des radicaux se recrute partout, s'abat partout, ici et là, sur la grande route, dans les cafés de la ville et dans les cabarets du village. Celui-ci boit, et celui-là pérore. Cet autre menace le garde-champêtre ; un quatrième déchire les affiches de l'adversaire. Tous ont peur des gendarmes, et tous les évitent ! Il y a, comme principaux chefs de ces bandes, le distributeur de bulletins, qui trompe le lecteur illettré, et l'orateur de carrefour, qui annonce la diminution des impôts et la suppression du recrutement.

Le candidat républicain apparaît quelquefois dans les groupes en plein air. Mais cela est rare. Il préfère les réunions à ciel couvert, plus ou moins autorisées et plus ou moins publiques.

Là son auditoire est *fait*. Il est acclamé à son entrée; applaudi, quand il part; porté en triomphe, quand il sort.

A la ville, ses harangues sont politiques et socialistes. Il veut l'indépendance de la commune; il excite les passions de l'ouvrier contre le maître, du prolétaire contre le riche. « La République définitive » réformera les lois, déplacera les impôts, réglera la propriété, changera la famille, donnera l'instruction gratuite et domptera le clergé, — l'infâme clergé !

Une voix (payée cinq francs) : — A bas la calotte !

L'assistance tout entière : — Bravo ! vive la République !

« L'assistance tout entière » a ordinairement reçu deux francs par tête.

Dans les communes rurales, le candidat qui, à Paris, dans les estaminets des boulevards, traite les paysans de *bêtes de somme* et de *niais*, tend sa main aux mains calleuses « du brave travailleur de la terre. » Il déplore la guerre, les armées permanentes ; il rappelle les combats de 1871 « qui couchèrent sur la neige « des milliers d'enfants du peuple arrachés « à leurs foyers par l'impitoyable folie du « César moderne» et il chante la paix — celle de la Commune et de la rue Haxo...

Ici l'orateur s'arrête. Il est interdit. A propos des combats réglés par le gouvernement de la Défense Nationale, il a entendu une voix murmurer :

— « Encore un qui se moque de nous ! »

Mais le candidat reprend et parle de l'héroïsme de Gambetta et de Glais-Bizoin, « qui ont voulu sauver l'honneur de la France. » L'assemblée éclate. Il passe alors à M. Thiers, à « l'illustre vieillard » qui.... L'assemblée s'agite, et beaucoup d'électeurs prennent la porte, en le huant.

Le candidat n'a plus qu'une ressource : parler du maréchal de Mac-Mahon, du soldat de Malakoff et de Magenta ! Quelquefois les électeurs s'arrêtent et l'écoutent. Mais quand un éloge pompeux de celui qui partagea les gloires et les malheurs de l'Empire s'échappe de la bouche railleuse de l'orateur républicain, un mouvement de mépris répond au charlatan qui a l'impudeur de confondre, dans une même harangue, un soldat illustre et les baladins de Tours, de Paris et de Bordeaux !

Si le candidat républicain ne sait pas parler, ce qui arrive souvent, il a ses orateurs. Ce sont d'abord les députés du département qu'il explore. Ceux-là travaillent en même temps pour eux. Ils montrent le sujet à élire, mais ils ont bien soin de se faire voir tout les premiers ! Viennent ensuite les avocats du crû, les anciens magistrats du citoyen Cré-

mieux et les bavards des Cercles locaux. Celui-ci est président de la réunion ; cet autre
se confond dans la foule pour se faire traîner
plus tard à la tribune. Il y a toujours un troisième larron, lequel provoque les défenseurs
de la candidature opposée, — et lance la
phrase convenue :

« Electeurs, vous n'oublierez pas que les
« hommes de la réaction font fi de vos réu-
« nions et n'ont pas le courage de venir ici
« soutenir leurs infâmes doctrines ! »

Ici, le « tonnerre d'applaudissements » est
d'usage.

Enfin, la comédie de l'élection républicaine
est partout réglée à l'avance. Pas un mot qui
ne soit étudié ! Pas un effet qui ne soit pré-
paré ! La bande radicale est organisée comme
une troupe en représentation. C'est le *Roman
comique* de la politique. Au nord, au midi, à
l'est ou à l'ouest, même mise en scène, mêmes
procédés ! Rien qui soit sincère. Tout est

froid, cynique ou burlesque. Pas un orateur qui s'exprime avec conviction ; pas un agent qui se dévoue avec désintéressement.

Toutes les campagnes électorales du parti républicain ont l'audace pour inspiration, la calomnie pour instrument, et pour mobile, le désordre !

L'élection de la Nièvre a révélé mieux encore : elle a fait connaître le faux, comme l'arme des meilleurs Républicains. On fabrique un papier ; on l'estampille d'un cachet grossièrement gravé, et l'on jette au vent cette petite infamie, que la Police a la naïveté de ramasser.

Ceci est une nouveauté, qui se reproduira sans doute. Il faut y prendre garde. L'idée est, d'ailleurs, ingénieuse. On avait l'agent provocateur pour égarer la foule, en poussant des cris séditieux ; on a aujourd'hui le papier provocateur, qui égare la Justice, pour lui révéler un crime — que personne n'a commis !

C'est une scène de plus pour la comédie de *Rabagas*. Sardou l'avait oubliée !

Le candidat Républicain a aussi quelques grossiers effets de convention : il a le portrait de l'Empereur, qu'il déchire en public et dont il jette les morceaux à ses auditeurs enthousiastes ; il a la brochure clandestine de Rochefort, qu'il distribue discrètement comme une image obscène ; il a des listes de fonctionnaires, dont il divulgue les antécédents politiques, et qu'il livre aux colères avides des ambitieux et des renégats ; il a, enfin, des notes secrètes sur les petits scandales de la vie de province. C'est une menace pour les foyers et un trouble pour les familles.

Fra Diavolo bohême ou charlatan de bas étage, le candidat Républicain ne répugne à aucun costume et ne recule devant aucune effronterie.

Quelles sont ses ressources ?

Elles viennent de quêtes faites impudemment dans les associations secrètes ou par voie de souscriptions publiques.

On accepte tout, dans les caisses de la République du 4 septembre : depuis les pièces d'or des Emprunts de Tours et de Bordeaux ou des Marchés de canons et de souliers, jusqu'aux gros sous prélevés sur la paie des ouvriers de l'*Internationale.*

Le Budget républicain a son grand Livre toujours ouvert.

Individuellement, les chefs de l'État-major révolutionnaire donnent peu. Mais on pressure les masses. Dans un département, tout « frère et ami » doit une cotisation. On commence par demander ; puis on exige ; puis on impose — et il faut payer !!! Cependant, on signale quelquefois des résistances. Dans Maine-et-Loire, par exemple, l'argent a manqué, et le crédit des Républicains y est ébranlé.

C'est, du reste, sans vergogne qu'un candidat Républicain montre à la foule ses poches vides. Il les a vidées chez lui avant de sortir. Il demande à la foule un sacrifice pour la « sainte cause de la Liberté. » Excellente occasion de parler des « millions » que possèdent les Bonapartistes, — mais imprudent réveil du souvenir des pillages de la Défense nationale !....

Dernier trait caractéristique :

Quand le candidat Républicain est nommé, le département est « éclairé ; » les électeurs sont « intelligents, » les populations ont du « patriotisme, » et c'est « la voix de la France « tout entière qui a retenti solennellement ! »

Quand un candidat Républicain échoue, le département n'est plus qu'un centre « abruti par la réaction ; » ses électeurs sont « inféodés au césarisme ; » ses populations restent « en proie à la corruption monarchique, » et « le sentiment public s'indigne de l'erreur

« commise par une région, d'ailleurs iso-
« lée !... »

Commencée par l'audace cynique, la candidature Républicaine s'achève toujours par une turlupinade éhontée !

LE CANDIDAT RÉPUBLICAIN A NUANCES

C'est M. Thiers qui a créé tout particulièrement cette espèce nouvelle. Il n'a pas
voulu être isolé, le jour où il s'est fait lui-
même républicain. Il lui fallait des com-
parses!

Il a inventé le Républicain « conservateur, » le Républicain « par patriotisme, » le
Républicain « par accident » et le Républicain
« à tiroirs. »

Le Républicain « à tiroirs » — pour expli-
quer tout de suite ce personnage qui emprunte
son titre au vocabulaire des Théâtres, — est
généralement un ancien fonctionnaire de la
Monarchie de 1830, ayant servi sous les minis-
tères de M. Thiers. M. de Rémusat en a été, à
Paris, le type le plus accentué. On se souvient

que de méchantes langues l'avaient sur-
nommé « *candidat chauve-souris.* »

Dans les faubourgs, il montrait ses pat-
tes... démocratiques. Dans les quartiers aris-
tocratiques, il faisait voir ses ailes... blason-
nées.

Tous les déguisements lui ont semblé bons.
Son ambition était de rencontrer des électeurs disposés à se contenter de lui, faute de
mieux. Le malheureux vieillard sautait pour
pour une voix plébéïenne, et chantait pour
deux bulletins de négociants !...

Quand le candidat à « tiroirs » se présente,
les journaux républicains disent toujours :
— « Nous acceptons M. X..., parce que son
« adhésion à la République prouve que nos
« idées gagnent les anciennes classes privi-
« légiées. C'est une recrue que la Démocratie
« enrôle avec confiance !... » — Pendant ce
temps, la « recrue » fait la roue devant les

monarchistes et distribue des sourires aux conservateurs.

Le Républicain « à tiroirs » ne peut plus guère avoir que deux ou trois types. L'âge en limite le nombre. On attend maintenant M. de Montalivet, comme pendant à M. de Rémusat. M. Thiers vieillit lui-même. Ses contemporains disparaissent. C'est pourquoi il a créé d'autres types, hommes plus jeunes et plus vigoureux, façonnés dans ses salons, sous la direction pédagogique de M. Barthélemy-Saint-Hilaire.

C'est d'abord le candidat « Républicain conservateur. »

Un naïf ou un malin qui défend une « bêtise ! » Plus calme que le Républicain sans épithètes, son origine est absolument différente. C'est, généralement, un Orléaniste rénégat ; quelquefois, un impérialiste défroqué. Comme Orléaniste, il a toutes les ruses et toute la mauvaise foi de la secte. Comme ancien impérialiste, il est autoritaire, et tranche, par son éducation première, sur la foule de ses compères. Il est ambitieux et avide. L'Empire a dû lui refuser quelque jour, ou la croix, ou une Recette générale, ou une candidature officielle, ou seulement un poste municipal. *Indè iræ*. Mais il a reçu un peu de tout cela sous M. Thiers. La République « conservatrice » est donc le meilleur des gouvernements — celle, bien entendu, qui donne des croix, des Recettes, des candidatures ou des mairies !

Le Républicain « conservateur » se dit libéral, parlementaire, et proclame avec emphase « le droit qu'a le pays de se gouverner lui-même ! » Ils discute le Budget, à l'aide de quelques locutions empruntées aux livres d'Economie politique ; il attaque les Listes civiles des souverains, et condamne « les abus du favoritisme » et « le scandale des Cours ! » Toutes les rengaînes de l'Opposition parlementaire sont logées dans sa mémoire. Il cite Royer-Collard ; mais il pratique surtout le genre Odilon-Barrot, — ce genre-type du phraseur politique, enflé, redondant, si propre à captiver les sots !

Le Républicain conservateur a un nom, comme M. Casimir Périer, ou des alliances, qui remontent aux beaux jours où cinquante électeurs censitaires assuraient des victoires de *bourgs pourris* aux ministres de Louis-Philippe ! Ces électeurs étaient les aïeux du candidat. Il sacrifie donc noblement ses parchemins de bourgeois sur « l'autel du Suffrage universel. »

A l'égard de l'Empire, son langage est parfois mesuré, mais toujours perfide. Il se tait sur le 4 Septembre ; mais il exalte les prétendus avertissements donnés par M. Thiers au gouvernement de Napoléon III. Il entonne l'hymne triomphal en faveur de « celui qui sauva la France, en acceptant à

» Bordeaux, le fardeau du pouvoir, sur les
» ruines de l'invasion! » Il hait naturellement le 24 mai — « ce monument d'ingratitude! » — et il aspire au jour où « le pays
» reconnaissant rendra justice au grand ci-
» toyen que l'Europe admire! »

Ces coups d'encensoir sur le nez de
M. Thiers sont imposés généralement au candidat «Républicain conservateur» par M. Thiers
lui-même. Il y a, sur la table de l'ancien
président de la République-Rivet, un Dic-
tionnaire d'épithètes et un Recueil de périphrases, rédigés par M. Jules Simon, et à
l'usage de la troupe.

Quand un élève de M. Barthélemy-Saint-
Hilaire se rend en province, pour sa candidature, il emporte les deux volumes. C'est dans
cet arsenal d'antithèses et de prosopopées,
que les rédacteurs des organes du parti pui-
sent à pleines mains.....

Le«Républicain conservateur»respecte ordinairement le Clergé — dans ses écrits. Mais quand il parle à huis-clos, il demande la séparation de l'Eglise et de l'Etat. En public, il traite la question du temporel, avec cette banalité superbe qui charme les ignorants.

Les réunions électorales sont rares, d'ailleurs, pour une candidature qui a surtout pour objectif de rallier les indifférents, les nonchalants et les solliciteurs. Sous le gouvernement de M. Thiers, le Républicain conservateur semait les faveurs, comme le Petit Poucet les miettes de son pain, — sur la route qui conduit à l'élection. Il avait, derrière lui, l'escorte des mendiants du Pouvoir. Aujourd'hui, il sème les promesses, et ses courtisans n'appartiennent plus qu'à la dernière catégorie des ambitieux déclassés — ceux qui espèrent que M. Thiers reviendra!...

Dans son bagage de candidat, le Républicain « conservateur » a toujours une lettre

autographe de M. Thiers, une signature de
M. Casimir Périer et les sourires des membres influents du Centre gauche. Les anciens officiers de la garde nationale de province aiment ces choses-là ! M. Prudhomme, négociant au chef-lieu, lit la lettre de M. Casimir Périer au Cercle, et les feuilles républicaines du crû éditent la Lettre de M. Thiers. Quant aux sourires, ils se transmettent par le télégraphe, et l'on compte sur les indiscrétions des employés.

. Les lettres de M. Casimir Périer ont, dans les journaux, les mêmes *en tête* que celles de M.. Thiers, — depuis la fameuse chute du 24 mai. Seulement, M. Casimir Périer n'est indiqué que comme « fils d'illustre, » tandis que M. Thiers est « illustre » lui-même.

. Les lettres signées de M. Barthélemy-St-Hilaire s'adressent également aux candidats, mais le plus souvent aux membres du Comité chargé d'organiser l'élection. On connaît trop le style pompeusement banal de l'ex-secrétaire de M. Thiers, pour que nous le rappelions ici.

On a dit de ces lettres qu'elles étaient les couplets du vaudeville joué par M. Thiers pendant deux ans. Oui, mais les couplets ennuyeux!

Le Républicain « par patriotisme » est une variété bouffonne du genre républicain « conservateur. » C'est le monsieur qui déclare qu'il n'a pas d'opinion et qui veut uniquement sauver son pays! Il a accepté la République comme un viatique ; il s'offre pour le donner à la France. Il appelle à lui les « gens de cœur, » sans distinction d'âge ni d'opinion, de carrière ni de métier. Tout lui sera bon. Il fait de sa candidature un acte de dévouement. Il a sacrifié son repos, ses « chères études » — comme M. Thiers! — et il promet au besoin de donner aux facteurs ruraux et aux instituteurs le montant de son indemnité de député.

Cette dernière plaisanterie produit toujours son effet. Mais les Républicains purs n'aiment pas qu'on en abuse. M. Victor Hugo, qui est toujours le premier à toucher ses mandats à la caisse de l'Assemblée de Versailles, trouve mauvais qu'on se dise aussi généreux.

En revanche, le Républicain « par patriotisme » fait payer les frais de son élection par les Comités locaux.

Il met tout à la disposition de son pays, excepté sa fortune.

S'il réussit, on n'entend jamais plus parler de lui. Il s'enfuit à Versailles, pour y toucher modestement une mensualité de 750 fr., après s'être assuré que les facteurs ruraux ont assez de vingt sous par jour, et les instituteurs de 600 fr. par an. Il affirme, d'ailleurs, qu'il faut de l'ordre dans les Budgets — surtout dans le sien !

Quand il échoue, le Républicain « par patriotisme » estime que le Suffrage universel n'est pas assez éclairé, et qu'il y aurait peut-être imprudence à proclamer immédiatement la République. Il penche alors vers l'Orléanisme.

C'est particulièrement avec les candidats « par patriotisme, » que les Républicains radicaux, quand ils n'ont pas mieux à choisir, exaltent la Propriété et la Famille. On les entend répéter partout que M. X... est un homme d'ordre, qui possède, et dont la situation personnelle donne les plus sérieuses garanties aux électeurs propriétaires ! Ce langage, dans la bouche d'un radical, veut être aimable ; mais il fait froid. Entendre les gens qui usent du pétrole parler de la propriété, cela rappelle les assassins qui font l'éloge de leurs victimes, et les nourrissent avant de les tuer !

Néanmoins, le procédé est de plus en

plus en vigueur. Nous finirons un jour par entendre les Républicains regretter les Tuileries !

On voit déjà, d'ailleurs, des Républicains « par patriotisme » porter bien haut leurs titres nobiliaires de comte, de duc ou de marquis ; mentionner leurs grades dans la Légion d'Honneur, et pirouetter sur leurs talons rouges devant le buste de Marianne.

Ce sont ces déguisements, qui nous conduisent tout naturellement à la dernière variété : le Républicain « par accident. »

Le Républicain « par accident » est un chercheur de places. Il se fait choisir candidat, comme on se fait inviter à dîner — en arrivant à l'heure du repas. Hésite-t-on à désigner le représentant local du parti ? Manque-t-on d'un homme qui se résigne à un échec ? Craint-on de prendre un brouillon bien connu, trop connu, dans le département ? C'est alors que notre Républicain s'offre, et consent à être transplanté au Nord ou au Midi, indifféremment.

Il s'appelle Senard ou Valentin, quand le brouillon s'appelle Albert Joly. Il est Foucher de Careil, quand l'autre se nomme Flavigny. Il est, enfin, X ou Z, quand la place est embarrassée d'un Rousselle.

Il participe, en ce cas, des deux autres genres, le Républicain « à tiroirs » et le Républicain « par patriotisme. »

Ne négligeons pas de mentionner son principal mérite : il déblatère sentencieusement contre l'Empire, et il invoque le Vote de Déchéance du 1er mars 1871.

Mais ce dernier argument est usé depuis le jour où, de cette voix autorisée et puissante qui commande l'admiration, M. Rouher a prononcé les paroles suivantes, à la tribune de Versailles :

« .... Probablement vous n'avez pas la pré-
» tention de prononcer la déchéance de la

» Nation ! Et si la Nation veut revenir à nous,
» elle n'a pas besoin de votre consentement.
» Si elle veut revenir à l'Empire, elle n'a pas
» besoin de votre permission. Elle est maî-
» tresse, elle est souveraine !

» Elle est maîtresse, elle est souveraine, et
» tout le monde doit s'incliner devant elle
» et quel que soit le pouvoir qu'elle fonde,
» ceux qui attaqueront le pouvoir constitué
» par elle seront de véritables factieux ! »

Après ces paroles, il n'y a plus qu'une déchéance aujourd'hui, c'est celle dont la cons-
cience publique a frappé, sur la foi des En-
quêtes, les Hommes du 4 Septembre.

En attendant que l'Histoire l'inscrive,
cette déchéance, Cayenne et Nouméa pour-
ront bien un jour la sanctionner !

*
* *

LE CANDIDAT ORLÉANISTE

Le candidat Orléaniste ne s'avoue pas. Il faut le chercher, le pressentir, le deviner. Il est partout, mais ne se montre nulle part. Sa garde-robe politique est la plus riche en déguisements. C'est avec lui qu'on fait des Républicains de toutes couleurs, des Septennalistes de toute dimensions, quelquefois des Légitimistes, et peut-être même de faux Bonapartistes. C'est également avec son argent, qu'on édite des journaux de nuances variées; qu'on paie des coalitions, et qu'on rançonne des émeutes !

Le parti Orléaniste est toujours sur la brèche. Depuis le jour de sa chute, en 1848, il n'a cessé de combattre. L'Empire l'a rencontré dans toutes ses mésaventures politiques. Aux derniers jours du règne, il alimentait les feuilles révolutionnaires, faisait les frais des candidatures démagogiques de 1869, et donnait la main, tantôt à Rochefort et tantôt à Eudes ou à Mégy. Les « fameuses blouses blanches » des émeutes parisiennes sont sorties du vestiaire de l'Orléanisme. La journée du 4 Septembre a été orléaniste dans les corridors du Corps Législatif, avant d'être républicaine dans la rue. La motion de « Déchéance, » lancée contre l'Empereur prisonnier, était paraphée par l'Orléanisme, quand Jules Favre la déposa dans la nuit du 3 au 4. La motion sur la « vacance du pouvoir », signée de M. Thiers, avait été votée dans un conciliabule orléaniste.

En 1871, on retrouve l'œuvre de la propagande orléaniste dans les élections multiples au profit de M Thiers. La Monarchie de 1830 croyait rentrer à Bordeaux, sous les auspices du « sinistre vieillard. » Elle avait prêté son argent et ses intrigues à l'apostasie. Ce fut son premier châtiment.

Pendant la Commune, l'Orléanisme voyagea de Paris à Versailles, en passant fréquemment par Saint-Denis, qu'occupaient les Prussiens. Après la Commune, il s'associa, se désassocia, s'associa de nouveau, puis rompit enfin avec M. Thiers. Il fut l'âme du 24 mai: Il attendait beaucoup de cette journée : elle ne lui donna que des grades et quelques ministres!...

L'Orléanisme entreprit alors la « Fusion » — son dernier déguisement. On sait ce qu'il en advint.

Il a repris, depuis ce nouvel échec, ses courses folles à travers tous les partis. Il flatte l'armée à Besançon ; il chasse tous les gibiers, tantôt à Chantilly, dans la forêt, tantôt à Paris, dans ses salons. Il achète des tableaux pour séduire les artistes ; des livres pour s'attirer les auteurs, et il répand dans les faubourgs les bons de pain et de soupe des Fourneaux économiques, avec cette générosité proverbiale, dont Louis-Philippe Ier donna tant d'exemples!...

Le candidat Orléaniste est un agent de cette politique agissante, envahissante, impatiente et toujours négociante. Il se sait dénoncé partout, mais il marche sans cesse. Rien ne l'effraie. C'est le « termite » de l'édifice social. Il faut qu'il détruise, et il détruit. Le temps ne lui coûte rien. C'est sa meilleure monnaie.

Les Orléanistes sont entrés à l'Assemblée de Bordeaux, en février 1871, par masses compactes. Ce fut à la faveur de l'effarement général, sous le coup des hontes de la Défense Nationale, et à cette heure de désolation profonde qui régnait dans le pays. Les Bonapartistes étaient traqués par la canaille révolutionnaire en fonctions; on cherchait des hommes pour chasser les concussionnaires de Paris et de Tours ; on prit les candidats Orléanistes sans contrôle et sans réserve.

Depuis lors, aucun candidat orléaniste avoué n'a été élu !

C'est l'adversaire le plus astucieux de l'Appel au peuple. Il a la doctrine de l'escamotage de 1830 : une majorité parlementaire gagnée à la révolte et un prince complaisant qui piétine sur la couronne de son neveu !

Le malheur est que « ça ne prend pas! » L'Orléanisme n'a pas fait de progrès en France depuis 1848. Il est ce qu'il était alors : impopulaire et antipathique. Dans le peuple, on ne veut même pas le connaître. Dans la petite bourgeoisie, on le combat. Dans l'aristocratie, on le traite de haut. La vieille bourgeoisie est seule complaisante envers lui. C'est une habitude prise depuis longtemps, et qui ne se perdra qu'avec les grands parents. Il y a trois choses, dans les anciens salons de la bourgeoisie censitaire, qu'on rencontre encore : le meuble en acajou, le whist à quatre, et l'Orléanisme!

Dans tous les foyers, où l'on reste fidèle aux « protégés de Lafayette » il y a aussi un sabre de garde national, qui est une relique, et une gravure représentant le *Vainqueur de Jemmapes et de Valmy*.

L'Orléanisme n'est plus que la religion des entêtés. C'est pourquoi cette religion s'en va. Tout le monde connaît les jeunes... héros d'Orléans. Un seul est resté populaire : c'est le prince de Joinville, parce qu'il ramena en France les cendres de Napoléon Ier.

Il y a des gens qui parlent, de temps à autre, de l'avénement éventuel au trône du comte de Paris. Il y en a d'autres qui craignent un coup d'Etat du duc d'Aumale. Ce sont des naïfs ou des spéculateurs. La Monarchie de 1830 est un peu plus finie encore que la Monarchie de 1815, qui l'est tout à fait. Quant à un coup d'Etat du duc d'Aumale, il est aussi à redouter que l'annexion de la France à la principauté de Monaco.

Sous l'Empire, les grandes personnalités orléanistes furent loyalement protégées. Réfugiées dans les grandes administrations industrielles et financières, elles y trouvèrent des emplois lucratifs et elles y firent de belles fortunes. Le Gouvernement de Napoléon III ne s'en montra pas jaloux. Aujourd'hui, ces mêmes positions sont refusées aux anciens fonctionnaires de l'Empire par les Sociétés, qui redoutent les colères de l'Orléanisme...

Que d'exemples il y aurait à citer !

Mais l'Orléanisme s'est révélé tout entier dans l'affaire des 50,000 fr. donnés par l'Empereur au fils de M. Guizot. On croit dans ce parti qu'on peut s'acquitter d'un bienfait en rendant l'argent. Napoléon III pratiquait la maxime de l'Evangile : sa main gauche ignorait ce que sa main droite donnait.

Napoléon IV fera de même. Il rencontrera certainement lui aussi, quelque jour, le fils d'un Orléaniste, le neveu d'un Légitimiste ou la veuve d'un Républicain; il donnera, et des injures le remercieront...

Ingratitude ou trahison, c'est la monnaie de l'Orléanisme!

LE CANDIDAT LEGITIMISTE

— Arrière, manants, c'est le candidat de Sa Majesté le Roy qui passe !

Le candidat Légitimiste est d'ordinaire duc, comte ou marquis. S'il n'a pas le titre, il a la noblesse. S'il n'a pas la noblesse, il a l'ancienneté de la famille.

Quelques plébéiens se sont faits Légitimistes, — mais c'est plus par originalité que par conviction. On ne les compte pas.

L'homme est distingué, poli, bien élevé. S'il a vécu à la ville, c'est un élégant, associé à toutes les fêtes et à tous les plaisirs de l'aristocratie. S'il est *rural*, c'est un propriétaire érudit, primé à tous les concours agricoles, pour introduction de races nouvelles et pour culture de plantes acclimatées.

C'est aussi un soldat ou un magistrat, s'il n'a été l'un et l'autre. Catholique sincère, souvent ardent, il a servi, lui ou ses fils, dans les *Zouaves* pontificaux. Civil, il a quêté pour le denier de Saint-Pierre ; militaire, il a combattu pour Pie IX et le Sacré-Cœur. C'est un *croisé* moderne. Il a la foi, le courage et l'honneur — toutes vertus qui s'effacent, mais que les vieux manoirs conservent !

Si, malheureusement, vous arrachez le Légitimiste de la fenêtre ogivale, d'où il contemple le ciel, ce n'est plus rien ! Il ne sait ce qui se passe sur la terre que pour le maudire. Il hait comme il aime — et de même qu'il aime le passé, il hait le présent !

Tout ce qui est conquête lui apparaît comme une ruine. Un progrès est une faute ; une institution nouvelle un crime. Depuis la mort de Louis XVI, la France est maudite. Ses lois sont impures et ses mœurs politiques scandaleuses.

Pas une concession, pas une espérance !
Tout, chez le Légitimiste, est regret ou résis-
tance. Rien ne le séduit ni ne le tente : c'est
le Saint-Antoine de la politique et de la civi-
lisation !

Ses professions de foi sont écrites sur par-
chemin. Il s'offre comme l'envoyé de Dieu
et du Roy. Il promet le Messie. Un électeur qui le combat est fatalement voué au
Diable ; mais un bulletin favorable donne
droit à des « indulgences. »

Le candidat Légitimiste a horreur de la
République, — ce qui se comprend ; il a plus
horreur encore de l'Orléanisme, ce qui s'ex-
plique. Il attaque aussi l'Empire, mais il y
est mal à l'aise. L'Empire a respecté la vieille
noblesse et redoré de vieux blasons. C'est là
un souvenir gênant. Il esquive alors la dif-
ficulté, en plaidant la cause du Pape, en dé-
plorant l'unité italienne et en insistant sur
les longs siècles éteints de la vieille Monarchie française !...

Ce n'est pas une profession de foi qu'il écrit, c'est une légende.

Le Suffrage universel n'a donc pas à prendre souci de ces lutteurs. Ce sont des joueurs *à qui perd gagne*. Et, en effet, moins un Légitimiste réussit, et plus il est satisfait ! Cela le confirme dans son horreur du temps présent. Le jour où il viendrait à être compris, sa raison en serait ébranlée....

On a dit d'Henri V qu'il ne règnera jamais mieux qu'en ne régnant pas ! C'est une grande vérité sous l'enveloppe d'un paradoxe. On peut dire aussi des candidats Légitimistes, qu'ils sont d'autant plus élus qu'ils obiennent moins de voix ! Ils regagnent d'ailleurs très-noblement leur tente, comme Henri V regagne Frohsdorff, et ils attendent... C'est toute leur force.

Ce qu'ils attendent, ne viendra pas. Ils le savent, et c'est pourquoi ils aiment mieux, au demeurant, séjourner sur la rive qu'être enrôlés dans la galère.

La Monarchie des Bourbons est morte. La fusion avec la Maison d'Orléans l'a enterrée. Le Légitimiste n'est donc plus, en réalité, que le conservateur fidèle d'une tombe, qui ne peut se rouvrir.... Respectable, dans son attitude pieuse de veilleur des morts, il l'est aussi par sa générosité patriotique, laquelle est sincère, et par sa loyauté chevaleresque, qui ne soulève pas un doute. — Mais la France moderne ne peut confier ses destinées à un fantôme, si blanc et si pur que soit son linceul!...

Il faut écouter le candidat Légitimiste et le laisser dire. S'il est violent : c'est un cœur ulcéré, à qui l'on pardonne. S'il est calme : c'est un martyr qui se dévoue.

Dans une Assemblée politique, on doit réserver quelques places aux Légitimistes. Ce sont les grands cadres des aïeux. Leurs colères, leurs interruptions, leurs prières servent toujours à quelque chose. Ils rappellent au besoin que la France a un passé, — ce qui n'est pas inutile.

Le Clergé donne, d'ordinaire et de préférence, ses voix au candidat Légitimiste. Voilà une faiblesse qui va à l'encontre du but! La Religion veut de moins en moins des défenseurs platoniques. Il lui faut des recrues populaires. Elle ne les trouvera pas dans ces tentatives électorales, toujours renouvelées et toujours vouées à l'insuccès. Ce n'est pas avec cinq ou six mille voix sur cent mille électeurs, que le Clergé opposera des adversaires résolus aux fusilleurs de la Commune! La Révolution profite de ces erreurs politiques ; elle marche pendant que les prêtres se cantonnent dans l'ombre des palais et des manoirs. Il n'y a plus aujourd'hui qu'un soldat à opposer aux pelotons républicains et aux Consistoires protestants : c'est l'Empire. Quand les serviteurs de la Religion catholique attaquent l'Empire, c'est elle-même qui se frappe. Ainsi pour la

Noblesse. Quand l'aristocratie légitimiste vise le Bonapartisme, elle tire au rocher : la balle revient sur elle et la blesse !...

L'Empire, c'est le lien qui unit le passé des priviléges au présent de l'égalité civile. Vouloir briser ce lien, c'est chercher à rompre la digue et se vouer à l'immersion démagogique !

1871 l'atteste.

Les Légitimistes ont eu jadis une doctrine : l'Appel au peuple. *Tout pour le peuple et par le peuple*! disait leur devise. Pourquoi l'ont-ils changée ? Quand on est Légitimiste, on ne doit pas changer. Si l'on change, on n'est plus rien. L'expérience le prouve. Aujourd'hui, avec leur devise, ils seraient tout. Sans elle, ils ne sont plus que les chevaliers-errants d'une cause perdue !

Les Impérialistes les remplacent.

LE CANDIDAT SEPTENNALISTE.

Une physionomie.... sans physionomie; — un drapeau sans couleurs!

Le candidat septennaliste est né à Angers, (département de Maine-et-Loire), aux temps héroïques où débuta le Ministère Chabaud-Latour. Tenu sur les fonds baptismaux par un préfet complaisant, il reçut le nom de *Bruas*. Pourquoi? On l'ignore.

Ce nom lui ayant porté malheur, il fut appelé *Alicot*, dans les Basses-Pyrénées.

Alicot ou *Bruas*, *Bruas* ou *Alicot*, le candidat septennaliste est fatalement voué à toutes les misères de la vie électorale. S'il a d'autres incarnations, il subira les mêmes échecs. Les gens sensés pensent qu'il finira avec le ministère Chabaud-Latour. Le Ciel entende les gens sensés !

Le Septennat est chose qu'on respecte, mais qu'on ne représente pas. Ce fut une fantaisie maladroite que celle de lui créer des candidats. Le provisoire a trop à faire de vivre par lui-même, sans avoir encore à alimenter des mandataires ! Il n'est supporté que parce qu'il se personnifie dans un grand nom — le duc de Magenta. Quelle folie de l'avoir égraîné en *Bruas* ou en *Alicot !* C'était vouloir l'affaiblir ou le perdre.

Si encore le candidat Septennaliste pouvait servir à quelque chose ! Il y a, au théâtre, des *accessoires* qui jouent un grand rôle. Mais les *Bruas* et les *Alicot* ne sont que des personnages inutiles ou compromettants. Ils ne rallient ni ne pacifient. Ils exaltent les mauvaises passions ou provoquent des coalitions désordonnées.

Grattez un *Bruas*, vous trouvez un Orléaniste. Frottez un *Alicot*, vous découvrez un Républicain. A l'Orléaniste vont les séïdes du duc d'Aumale ; au Républicain, les *fruits secs* du 4 septembre. C'est un *méli-mélo* d'opinions, — un *gâchis* d'appétits !

Bruas a fort ébranlé le monument du Septennat. *Alicot* lui a fait une profonde lézarde. Pour vivre, le pouvoir du duc de Magenta a besoin de prestige. *Alicot* et *Bruas* s'y sont adossés brutalement, et l'ont transformé, l'un en tréteaux de foire, l'autre en piédestal vulgaire...

Pour voter en faveur du candidat Septennaliste, il faut être moins un homme politique qu'un intime de l'autorité préfectorale ou un familier du Ministère. Pour voter contre, il n'est besoin que d'être raisonnable. De là, les furies administratives et ministérielles ! Un préfet qui recrute des électeurs septennalistes flatte ou menace, paie ou destitue. Il ne peut faire autre chose. Il lui faut des voix. C'est la force ayant l'ambition brutale du nombre.

Un candidat Septennaliste parle peu, son mérite étant de ne rien savoir et de penser le moins possible. Mais on parle pour lui, et selon les circonstances.

C'est toujours le Septennat qui est en jeu. On l'accommode au goût de tous les groupes politiques. Pour les Orléanistes, c'est le « marche-pied du Comte de Paris ; » pour les Légitimistes, c'est « l'antichambre de la Royauté ; » pour les Impérialistes, c'est la « Régence du Prince Impérial ; » pour les Républicains, c'est « l'acclimatation de la République ! »

Et c'est ainsi qu'on va de communes en communes, de cantons en cantons, d'arrondissements en arrondissements. Tout le monde a son morceau. C'est le « pain béni » coupé menu et distribué à la grand'Messe. Il n'y a de quoi nourrir personne ; mais cela met les gens en appétit !

Après la parole, l'action. Ce sont les amis

qui parlent; c'est le préfet qui agit, ayant derrière lui son ministre. Les menaces retentissent, les révocations pleuvent, les destitutions abondent.. Pour les fonctionnaires modestes, la candidature septennaliste est un verglas. On trébuche, et l'on tombe. Il faut le patin du dévouement aveugle ou le chausson de lisière de l'obéissance passive !

Les railleries n'ont pas fait défaut aux candidats Septennalistes. Elles redoubleront, s'ils reviennent. Le peuple électoral n'aime pas les hermaphrodites politiques. Il en rit. Il fait fi des eunuques. Il s'en amuse. Mieux encore : il nie avec énergie qu'il y ait solidarité possible entre un candidat inventé par un ministre et le maréhal de Mac-Mahon, dont le nom est pur de toute compromission. Il a raison. Sachant ce que vaut le chef de l'Etat, il le respecte, en tournant le dos à ceux qu'on appelle ses candidats.

Le candidat septennaliste avait droit

d'asile dans ce Guide; — mais, en réalité, c'est un personnage hors cadre. Il tient du phénomène. Peut-être a-t-on bien fait de l'inventer pour la galerie des choses de ce temps-ci; malheureusement, il n'en sera pas l'ornement.

Sa carrière est, d'ailleurs, finie. S'il vit, on n'en pourra retrouver le souvenir, que sur l'épitaphe du ministère Chabaud-Latour :

Cy-Gît

qui inventa le candidat du Septennat !!!

MENSONGES
à l'usage des candidats légitimistes, républicains et orléanistes,

ET

VÉRITÉS
à l'usage des électeurs bonapartistes.

La polémique souvent grossière, toujours banale et mensongère, qui s'engage à chaque élection contre les candidats de l'Appel au peuple, a amené plusieurs de ces candidats à résumer brièvement les assertions de leurs adversaires et les réponses qu'elles méritent.

Nous empruntons à diverses publications les MENSONGES les plus hardis avec les VÉRITÉS les plus topiques.

C'est le complément nécessaire de notre *Guide* ; c'en est en quelque sorte la partie la plus usuelle.

Mensonge. — *C'est l'Empereur qui a voulu la guerre de 1870.*

Vérité. — Au mois de janvier 1870, l'Empereur acceptait une proposition de désarmement général faite par l'Angleterre à la Prusse ; en mai 1870, il faisait le Plébiscite, qui était un gage de paix et de concorde politique ; en juin 1870, il consentait à une réduction de 100,000 hommes sur le contingent de la classe appelée et de la classe à appeler.

La guerre, provoquée par les événements d'Espagne, dus aux intrigues orléanistes du duc de Montpensier et de Prim, a été recherchée par la Prusse et sottement acceptée par le Ministère responsable du 2 janvier, dans les rangs duquel M. Thiers disait solennellement avoir ses amis.

M. — *L'Empire est cause de la perte de l'Alsace et de la Lorraine et de l'indemnité des cinq milliards.*

V. — Sans l'infâme Révolution du 4 septembre, la paix pouvait être conclue, *avec quelques centaines de millions* d'indemnité au vainqueur, dans les jours qui suivirent la reddition de Sedan ; elle pouvait être encore conclue, en octobre 1870, par M. Thiers, à Versailles, *avec la suppression des fortifica tions de l'Alsace et deux milliards* ; puis *avec la perte de l'Alsace et deux milliards* ; elle pouvait être enfin signée en janvier 1871, *avec la perte de l'Alsace et de la Lorraine et trois milliards*.

Ceux qui l'ont conclue avec la perte de l'Alsace et de la Lorraine et cinq milliards, ont payé les infamies de la Révolution du 4 septembre.

M. — *La capitulation de Sedan est une lâcheté.*

V. — La reddition de Sedan est un acte d'abnégation et d'héroïsme. Tous les généraux, le maréchal de Mac-Mahon en tête, l'ont attesté. Le général Pajol a raconté le courage et la grandeur de l'Empereur. Les soldats, en saluant leur Empereur prisonnier, pleuraient, au cri de : *Vive Napoléon III.*

Il fallait la canaille révolutionnaire de Paris, de Lyon ou de Marseille, pour insulter à la journée de Sedan.

Voici, d'ailleurs, le témoignage du Maréchal de Mac-Mahon :

« JE DÉCLARE HAUTEMENT ET DE TOUTES MES FORCES QUE LA CAPITULATION DE SEDAN, ON PEUT L'APPELER DÉSASTREUSE, MAIS NON HONTEUSE. »

M. — *La République a sauvé l'honneur de la France.*

V. — La République a peuplé, en 1870 et en 1871, la France de fonctionnaires éhontés, de spéculateurs avides et de concussionnaires audacieux. Témoins les marchés de la Défense Nationale ; les orgies des camps de Toulouse, de la Rochelle et de Conlie ; les scandales de Marseille ; les pillages d'Autun par les bandes de Garibaldi, et la Terreur installée à Lyon par le proconsul Challemel-Lacour, dit le *Fusillez-moi tous ces gens-là !*

M. — *La République a payé les milliards de la guerre.*

V. — Oui, avec l'argent gagné sous l'Empire.

M. — *La République a réalisé des économies sur les Budgets de l'Empire.*

V. — Oui, mais elle a vidé la bourse du travailleur et provoqué la faillite du petit commerçant.

M. — *L'Empire n'avait d'amis que dans les campagnes.*

V. — L'Empire avait des amis partout où l'on aimait l'ordre, le travail, la confiance dans l'avenir, la protection des intérêts, le respect de la loi et la grandeur du pays.

M. — *La République peut être un gouvernement conservateur.*

V. — Non. C'est le gouvernement des envieux, des désœuvrés et des déclassés. C'est le gouvernement qui incendie les monuments, qui pille les palais, qui assassine les prêtres et les magistrats, et qui vit de complicité avec les ennemis de la famille et de la religion.

M. — *M. Thiers a sauvé la France.*

V. — M. Thiers a sacrifié la France à son orgueil et à sa fortune. Il pouvait consulter la nation, fonder un gouvernement, punir les émeutiers du 4 septembre, livrer aux tribunaux les auteurs des Marchés, et rendre au bagne les voleurs libérés par le Gouvernement de Tours et de Bordeaux. Il a continué la Révolution à son profit, et il a compromis l'avenir.

M. — *Le Prince Impérial est trop jeune pour régner.*

V. — Le Prince impérial, c'est l'Empire reconstitué, avec ses lois, ses institutions, son armée, ses fonctionnaires expérimentés. L'œuvre de 1852 peut être reprise en vingt-quatre heures, et donner vingt ans de prospérité et de grandeur.

M. — *L'Appel au peuple ne relèvera pas l'Empire.*

V. — L'Appel au peuple fondera un gouvernement national, devant lequel les partis devront s'effacer. Les Bonapartistes ne veulent pas autre chose. Ils proposent l'Empire, mais quoi qu'on leur donne, ils obéiront à la volonté souveraine de la Nation.

M. — *On doit le respect à la République, parce que la République est le gouvernement légal de la France.*

V — Non. La République est un gouvernement *nominal*. Il n'y a qu'un gouvernement *légal*, c'est celui de M. le maréchal de Mac-Mahon, duc de Magenta.

—

Nota. — On pourrait multiplier à l'infini cette série de *Mensonges* et de *Vérités*. Le pays est trop éclairé, aujourd'hui, pour ne pas relever de lui-même toutes les turpitudes qui se débitent.

Règle générale : les candidats Républicains mentent ; les Orléanistes les répètent, et les Légitimistes les laissent dire.

La meilleure réponse à leur faire est donc. LE MÉPRIS.

OUVRAGES DU MÊME AUTEUR

La journée du 4 septembre au Corps Législatif. Un vol. in-8 (1871). 2 »

Napoléon IV (avec portrait gravé), brochure elzévirienne (1873)........ » 25

Vingt ans de Despotisme et Quatre ans de Liberté, par Fernand Girau-
deau . . . . **3** »

**Les Titres de la Dynastie impé-
riale**, par Édouard Guillemin . . . . » **50**

Histoire populaire de Napoléon III,
petit format, par Paul de Cassagnac
(40 fr. le cent) . . . . » **50**

Empire ou Radicalisme, par M. l'ab-
bé Castay, ... **3** »

Une sœur de Charité (l'Impératrice
Eugénie), avec portrait, par Evariste
Bavoux, ancien Conseiller d'État. . . . **1** »

Le Quatrième Napoléon (avec portrait), par Léonce Dupont. . . . . »

Le lendemain de l'Empire, par
A. Vitu. . . . . **3** »

Le Catéchisme Impérial, par
Édouard Boinvilliers. . . . . » **50**

On demande un Dictateur, par Jules
Amigues . . . . »

Comment l'Empire reviendra, par
Jules Amigues . . . . **1** »

Journal d'un Parisien pendant la Commune, par Eugène Loudun (2 vol) . . . . **6** »

Le Bonapartisme, (4ᵉ dynastie), par Alfred d'Almbert. . . . . **1** »

Le Journal de Chislehurst (Funérailles de l'Empereur), par F. Aubert. . . . **1** »

Les Vacances du Quatrième Napoléon à Arenemberg, par Evariste Bavoux . . . . **1** »

Le Retour de l'île d'Elbe. . . . . . . **1** »

La Fusion et l'Appel au peuple. . . . **1** »

PHOTOGRAPHIES

CARTE ALBUM

Groupe de la Famille Impériale. . **1 50**

S. M. l'Empereur Napoléon III . . . **1 50**

S. M. l'Impératrice **1 50**

S. M. le Prince Impérial **1 50**

Tombeau de l'Empereur **1 50**

Chapelle Ste-Marie de Chislehurst . **1 50**

Cambden-House (Chislehurst) **1 50**

Paris. — Imp. Richard-Berthier, 18-19, pass. de l'Opéra.

Paris. — Imp. Richard-Berthier, 18-19, pass. de l'Opéra.